LIBRO DE COCINA SOUS VIDE PARA PRINCIPIANTES

50 RECETAS SENCILLAS

PABLO GUTIERREZ

Reservados todos los derechos.

Descargo de responsabilidad

TABLA DE CONTENIDO

INTRODUCCIÓN

Sous vide (francés), también conocido como cocción prolongada a baja temperatura, es un método de cocción en el que los alimentos se colocan en una bolsa de plástico o un frasco de vidrio y se cocinan en un baño de agua durante más tiempo de lo habitual (generalmente de 1 a 7 horas). , hasta 72 horas o más en algunos casos) a una temperatura regulada con precisión.

La cocción al vacío se realiza principalmente con máquinas de circulación de inmersión térmica.La temperatura es mucho más baja que la que se usa habitualmente para cocinar, generalmente alrededor de 55 a 60 ° C (130 a 140 ° F) para las carnes rojas, 66 a 71 ° C (150 a 160 ° C). ° F) para las aves de corral y más alto para las verduras. La intención es cocinar el artículo de manera uniforme, asegurándose de que el interior esté bien cocido sin cocinar demasiado el exterior y para retener la humedad.

La cocción al vacío es mucho más fácil de lo que piensas y, por lo general, implica tres simples pasos:

- Conecte su olla de precisión a una olla con agua y configure el tiempo y la temperatura de acuerdo con el nivel deseado de cocción.
- Coloque su comida en una bolsa sellable y sujétela al costado de la olla.
- Termine chamuscando, asando a la parrilla o asando los alimentos para agregar una capa exterior dorada y crujiente.

Con un control preciso de la temperatura en la cocina, el sous vide ofrece los siguientes beneficios:

- Consistencia. Debido a que cocina sus alimentos a una temperatura precisa durante un período de tiempo preciso, puede esperar resultados muy consistentes.
- Sabor. La comida se cuece en sus jugos. Esto asegura que la comida esté húmeda, jugosa y tierna.
- Reducción de desperdicios. Los alimentos preparados tradicionalmente se secan y generan desperdicio. Por ejemplo, en promedio, el bistec cocinado tradicionalmente pierde hasta un 40% de su volumen debido al secado. El filete cocinado mediante cocción de precisión no pierde nada de su volumen.
- Flexibilidad. La cocina tradicional puede requerir su atención constante. La cocción de precisión lleva los alimentos a una temperatura exacta y los mantiene. No hay que preocuparse por cocinar demasiado.

1. Filete de lomo al vacío

Ingredientes para 2 porciones
- 2 filetes de lomo (rosbif) a 250g
- 1 premio de sal
- 1 premio de pimienta
- 1 chupito de aceite para la sartén

Preparación

Con la receta de bistec de grupa, es importante saber de antemano cómo quieres la carne. Esto y el grosor de la carne también dan como resultado diferentes tiempos de cocción y temperaturas de cocción; consulte los detalles a continuación.

El grosor ideal de los filetes debe estar entre 2-3 cm y debe tener un bonito veteado. Primero lave la carne, séquela y luego aspire cada trozo de carne en una lámina de cocción adecuada.

Ahora coloque las dos piezas de carne una al lado de la otra en el dispositivo sous vide (u horno de vapor) y cocine de acuerdo con el grado de cocción deseado; aquí hay algunas ayudas: Raro 47 grados, medio 55 grados, bien hecho 63 grados durante aprox. . 70 minutos. Cuanto más gruesa sea la carne, más tiempo se tiene que cocinar - poca ayuda: 4 cm alrededor de 120 minutos, 5 cm 160 minutos.

Después de cocinar, retire la carne, corte de la bolsa, recoja el jugo, esto puede servir como base para una salsa, aplique un poco la carne, sal y pimienta, y en una sartén muy caliente con una pizca de aceite o mantequilla. por ambos lados para dorar caliente - aprox. 60-90 segundos en cada lado.

2. Rosbif sous vide

Ingredientes para 4 porciones
- 1 kg de rosbif
- 1 chupito de aceite de oliva
- 3 ramas de romero
- 3 ramas de tomillo
- 20 g de mantequilla

Preparación

Tiempo total aprox. 5 horas 20 minutos

Lo más importante con la cocción al vacío de una carne o pescado es que tenga un sellador al vacío y, en el mejor de los casos, una olla al vacío.

Primero saque el filete de su envoltorio y lávelo con agua fría, luego frótelo con papel crepé.

Por favor, separe las hojas de tomillo y romero del tallo y no aspire el tallo porque es demasiado duro.

Ahora frote el rosbif con aceite de oliva y colóquelo en una bolsa de plástico apta para cocción al vacío. Luego agregue el tomillo y las hojas de romero a la bolsa. Aspire todo lo que hay en esta bolsa.

Precaliente la olla de cocción al vacío a 56 grados y agregue el rosbif al baño María. A continuación, la carne debe cocinarse al baño María durante 5 horas.

Después de 5 horas, saca el bistec de la bolsa y frótalo. Calentar una sartén para grill y dorar la carne brevemente por cada lado durante un máximo de 1 minuto. Ponga la mantequilla en la sartén para redondear.

A continuación, deje el bistec en un plato precalentado durante 3 minutos.

3. Filete de bisonte con habas

Ingredientes para 2 porciones

- 1 taza de polenta
- Sal y pimienta, blanca
- 1 taza de leche
- 1 taza de agua
- 30 g de morillas, secas (morillas negras)
- 3 proteína
- Manteca
- 150 g Judías (habas), congeladas
- 100 ml de zumo de naranja
- 1 cucharada. Estragón, hojas arrancadas
- 300 g Filete de bisonte
- 1 cucharada. mantequilla clarificada

    Preparación

    Tiempo total aprox. 30 minutos

Sella el filete de bisonte en una bolsa de plástico. Déjelo en remojo en un baño de agua a 65 ° C durante aproximadamente 2 horas. Desempaque el filete de bisonte, sazone con sal y pimienta y deje que todos los lados tomen el color breve y vigorosamente en mantequilla clarificada, déjelo reposar por lo menos 5 minutos, luego córtelo en dos rodajas.

Cuece la polenta en una mezcla de leche y agua con un poco de sal. Remoja las morillas, luego córtalas en trozos pequeños y agrégalas a la polenta enfriada. Posiblemente. Agrega el agua de remojo de las morillas para mejorar la consistencia. Batir las claras con un poco de sal hasta que estén firmes, doblar debajo de la polenta y verter la mezcla en latas untadas con mantequilla. Hornear al baño María a 180 ° C hasta que se dore ligeramente.

Deje que las habas se descongelen, retire la piel gruesa. Reducir un poco el jugo de naranja, agregar la mantequilla y la sal. Calentar las habas solo brevemente. Picar finamente el estragón y agregar antes de servir.

4. Filete de salmón sous vide

Ingredientes para 4 porciones

- 450 g de filete de salmón fresco
- Aceite de oliva
- Sal y pimienta
- Polvo de ajo
- Jugo de limon

Preparación

Tiempo total aprox. 1 hora

Preparar una bolsa de vacío adecuada, aspirar el salmón con 1 cucharadita de aceite de oliva y un poco de sal. Coloque con cuidado el salmón en la bolsa de vacío en el baño de agua precalentado a 52 ° C y cocine durante unos 20 - 25 minutos.

Luego saca el salmón del baño, saca con cuidado el pescado de la bolsa y fríelo en la sartén, pero también se puede consumir directamente.

Acomoda sal y un poco de pimienta con un poco de jugo de limón, según tu gusto. Sirva sobre verduras o arroz, según el gusto.

5. Costilla alta de ternera - sous vide cocida

Ingredientes para 3 porciones
- 4 cucharadas salsa Worcester
- 2 cucharadas. sal
- 1 cucharada. Pimienta recién molida
- 1 cucharada. aceite de colza
- 1,3 kg Rosbif (costilla alta, con hueso)
Preparación

Tiempo total aprox. 8 horas 30 minutos

Frote generosamente las costillas altas con la salsa Worcestershire. Luego espolvorea con sal y frota también.

Colocar en una bolsa de vacío y sellar. Transfiera al recipiente Sous Vide y cocine por 8 horas a 56 ° C.Cuando se acabe el tiempo, dore la costilla por todos lados en una sartén o en la parrilla. Luego cortar en rodajas y espolvorear con pimienta recién molida.

Esto va bien con verduras fritas y salsas a su conveniencia.

6. Solomillo de cerdo con crema de estragón

Ingredientes para 4 porciones

- 1 cerdo
- 1 manojo de estragón, más fresco
- 1 cucharada. Mostaza, arenosa
- 200 ml de nata
- 1 chalota
- 1 cucharada. Aceite de girasol
- 10 g de mantequilla
- Sal y pimienta

Preparación

Tiempo total aprox. 1 hora 50 minutos

Lave el filete de cerdo, séquelo y elimine el exceso de grasa y tendones. Frote con aceite de girasol, sal y pimienta. Lavar el estragón, agitar para secar y picar finamente. Pelar y picar finamente la chalota.

Poner el filete de cerdo en una bolsa, agregar una cucharadita de estragón y aspirar. Cocine en el estante 3 en el programa "Sous vide" a 65 ° C durante aprox. 80 minutos en la olla a vapor.

Mientras tanto, sudar los cubos de chalota en la mantequilla hasta que estén transparentes y luego desglasar con la crema. Agregue la mostaza, agregue el estragón restante y déjelo hervir a fuego lento.

Cuando el filete de cerdo esté cocido, se fríe en una sartén muy caliente. Una vez cocida la carne al vacío, no tiene costra. Para no cambiar significativamente el punto de cocción durante el asado, la sartén debe estar muy caliente para que la corteza se forme muy rápidamente. Cortar la carne de cerdo en ángulo y colocar sobre la crema de estragón.

7. Cod-sous-vide

Ingredientes para 2 porciones
- 2 filetes de bacalao
- 2 cucharadas. Perejil seco
- 4 cucharadas aceite de oliva
- 2 dedos de ajo
- 1 cucharadita de jugo de limón.
- Sal y pimienta

Preparación

Tiempo total aprox. 30 minutos

Haga una marinada con aceite de oliva, perejil, ajo prensado, jugo de limón, sal y pimienta.

Prepare dos bolsas de vacío. Unte la marinada sobre los filetes de pescado y suelde los filetes con el dispositivo de vacío.

Cocine por 20 minutos a 52 grados.

Consejo: Remueve rápidamente el pescado cocido en una sartén con mantequilla caliente.

8. Panceta de cerdo cocida al vacío

Ingredientes para 2 porciones

- 500 g de panceta de cerdo deshuesada
- 30 g de sal de escabeche (sal de escabeche de nitrito)
- 15 g de azúcar morena
- 1 hoja de laurel
- 10 baya de enebro
- 10 granos de pimienta
- 3 clavo
- 2 cucharadas. Mostaza medio picante
- Pimienta negra molida gruesa

Preparación

Hervir 300 ml de agua con sal encurtida y azúcar morena en una cacerola a una salmuera de encurtidos. Deje enfriar la salmuera y vacune la carne con una jeringa de salmuera.

Triturar las bayas de enebro y los granos de pimienta y añadir al resto de la salmuera con la hoja de laurel y el

19

clavo. Colocar la panceta con la salmuera en una bolsa para congelador, cerrar herméticamente y dejar en el frigorífico 12 horas.

Retirar la carne, lavar, secar, sazonar con pimienta y untar con mostaza. Aspire la panceta y cocine al baño maría a 65 grados durante 24 horas.

Cuando termine el tiempo de cocción, sacar la carne de la bolsa de vacío, cortar la corteza en forma de diamante y freír hasta que esté crujiente debajo de la parrilla en el horno. Cortar la panceta en rodajas y servir con chucrut y puré de patatas.

9. Rollo de pato sous-vide

Ingredientes para 6 porciones
- 2 Club (pato)
- 1 pechuga de pato
- Tocino, más gordo
- 50 g de pistachos, picados en trozos grandes
- 80 g de nueces de macadamia, picadas
- 2 huevos pequeños
- Crema
- Sal
- Pimienta
- 150 g de tocino
- Pimienta,
- Sal marina

Preparación

Tiempo total aprox. 1 hora 40 minutos

Quitar la piel de los muslos y la pechuga de pato, cortar en dados muy finos y freírlos lentamente en una sartén hasta que estén crujientes. Luego coloque en un colador para que escurra.

Suelta los muslos de pato y prepara un caldo con los huesos

Cortar la pechuga de pato en tiritas

Pica finamente el tocino.

Hacer una farsa con la carne de las piernas, la nata, los huevos, las especias y el tocino. Mezclar los pistachos y las nueces y parte de la piel de pato asado debajo de la farsa.

Coloque el tocino superpuesto sobre una tabla y extienda la farsa sobre él, extienda las tiras de pechuga de pato sobre la farsa. Enrolla todo con el tocino.

Ponga el rollo en una bolsa de vacío y cocine a 60 ° durante aproximadamente 1 hora.

Saque el rollo de la bolsa y fríalo brevemente en la grasa de pato, córtelo en rodajas para servir y espolvoree con la piel de pato asado y un poco de pimienta de Tasmania recién molida y flor de sal.

10. Silla de cerdo sous vide

Ingredientes para 4 porciones

- 800 g de cerdo
- 2 dedos de ajo
- 3 cucharadas manteca
- 1 hoja de laurel
- Aceite de oliva
- Pimienta negra del molino
- Sal

Preparación

Tiempo total aprox. 2 horas 20 minutos

Frotar el dorso con un poco de aceite de oliva y cubrir con las rodajas de ajo y la hoja de laurel y aspirar.

Coloque en un baño de agua tibia a 60 ° durante aprox. 75 - 90 minutos. Alternativamente, también puede utilizar la vaporera.

El tiempo es de importancia secundaria, ya que la carne no puede calentarse más de 60 °. Es mejor dejarlo por más tiempo si no está seguro.

Luego saca la carne de cerdo, deja que la mantequilla se haga espuma en una sartén caliente y fríe brevemente la carne en ella. Sazone con sal y pimienta y corte.

Esto va con risotto y verduras asadas (p. Ej. Pimientos puntiagudos).

La carne queda entonces muy tierna, de color rosa claro y muy sabrosa.

11. Pierna de cordero cocida al vacío

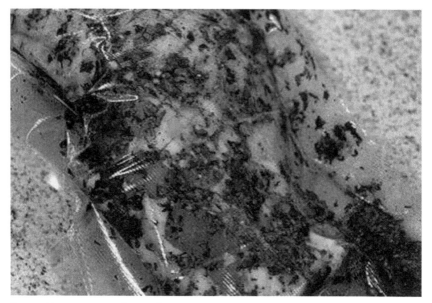

Ingredientes para 6 porciones

Para el adobo:

- 1 puñado de pimienta negra
- 1 puñado de sal
- 1 tubérculo de ajo
- 1 manojo de cilantro
- 2 chalota
- 1 lima

Para la carne:

- 1 pierna de cordero, con hueso, 2-3 kg
- 1 puñado de sal

Preparación

Tiempo total aprox. 18 horas 30 minutos

Envuelva el bulbo de ajo en papel de aluminio y ase a la parrilla o en el horno a 180 ° C durante una hora.

Para la marinada, muele finamente sal y pimienta en un mortero. Cortar por la mitad el ajo asado y ahora blando y exprimir la mitad en el mortero. Picar el cilantro y las chalotas y añadir al mortero. Exprime la lima, agrega el jugo al mortero y mezcla todo en una suspensión.

Llene un baño de agua al vacío y precaliente a 58 ° C.

Parry la pierna de cordero. Si tiene un tapón de grasa fuerte, quítelo un poco. Corta la capa de grasa en forma de diamante, teniendo cuidado de no dañar la carne. Sal la pierna, frótala con la marinada, agrega el ajo restante y aspira la pierna. Cocine al vacío durante 18 horas (esto no es un error tipográfico).

Después de cocinar, retire la pierna de la bolsa y séquela. Ase a la parrilla a fuego directo para crear aromas tostados.

12.   Muslos de pato confinados sous-vide

Ingredientes para 2 porciones

- 2 pierna de pato
- Sal marina
- Pimienta negra recién molida
- 1 cucharada. Caldo de pato, concentrado
- 2 hojas de laurel, frescas
- 5 granos de pimiento
- 3 discos de ajo seco
- 2 cucharadas. Manteca de cerdo colmada (pato), refrigerada

Preparación

Tiempo total aprox. 3 días 8 horas 5 minutos

Frote bien los muslos de pato con el caldo de pato y salpimente. Aspire junto con los otros ingredientes en una bolsa (ya que un poco de líquido se aspira con un sellador al vacío doméstico, revise cuidadosamente la costura de soldadura para detectar fugas) y cocine a 80 ° C durante ocho horas, luego enfríe rápidamente en un baño de agua helada durante al menos 15 minutos.

Dejar en el frigorífico unos días o más si es posible.

Para servir al baño María, calentar de 75 a 80 ° C, sacar con cuidado de la bolsa y, si es necesario, dorar brevemente la piel bajo la salamandra o la parrilla de infrarrojos del horno.

13. Espárragos con curry rojo

Ingredientes para 2 porciones

- 500 g de espárragos blancos
- 2 cucharadas de pasta de curry roja
- 3 cucharadas Leche de coco, congelada
- 1 pizca de azúcar
- 1 pizca de sal
- 1 cucharadita de mantequilla

Preparación

Tiempo total aprox. 55 minutos

Compre espárragos frescos y pélelos para limpiarlos.

Luego sazone los espárragos con sal y azúcar, póngalos en una bolsa. Luego distribuya los ingredientes restantes en la bolsa. Extienda un poco la pasta de curry sobre los espárragos. Me gusta usar leche de coco congelada para el método sous vide. Normalmente necesito pequeñas cantidades para tener siempre un poco de leche de coco en el recipiente de cubitos de hielo y poder aspirarlo más fácilmente.

Poner el baño María a 85 ° C y cocinar los espárragos durante 45 minutos.

Abra la bolsa al final del tiempo de cocción. Coger el jugo del agua de espárragos, el curry y la leche de coco, espesar un poco y servir con los espárragos.

14. Filete hervido

Ingredientes para 4 porciones

- 1 kg de ternera
- 1 zanahoria
- 50 g de raíz de apio
- 1 cebolla pequeña
- 1 cucharada. petróleo
- 100 ml de vino blanco
- Sal marina
- 6 granos de pimienta
- 1 hoja de laurel

Preparación

Tiempo total aprox. 20 horas 15 minutos

Pele la piel de la parte superior de la carne hervida. Pica finamente la zanahoria, la cebolla y el apio. Calentar el aceite en una sartén y rehogar las verduras. Desglasar con vino blanco, reducirlo casi por completo.

Frote el filete hervido con un poco de aceite, sal (no demasiado) y póngalo en una bolsa de vacío. Agregue las verduras, el laurel y los granos de pimienta y distribuya en la bolsa. Pasar la aspiradora. Cocine al baño maría entre 60 y 65 ° C durante 20 horas.

Luego saca de la bolsa, saca las verduras y corta la carne hervida.

La carne se vuelve tierna, aromática y conserva un color rosado uniforme. Sabe delicioso con pan rallado, salsa verde o tubérculos.

La temperatura adecuada es cuestión de gustos. Yo siempre lo cocino a 64 ° C. Cuanto más tiempo permanece en él, más se pierde la estructura de la carne. Un día más y se puede triturar con la lengua. Me gusta un poco más "crujiente".

La cantidad por ración ya es bastante generosa, se puede comer más con ella.

15. Pollo a la vainilla con zanahorias a la miel

Ingredientes para 2 porciones

- 2 filetes de pechuga de pollo, sin piel
- ½ vaina de vainilla, cortada a la mitad a lo largo
- 2 cucharadas. Aceite, semilla de uva
- 16 Zanahoria, baby, pelada
- 2 cucharadas. manteca
- 3 cucharadas Miel de acacia
- Sal
- Pimienta, negra, molida

Preparación

Tiempo total aprox. 4 horas

Aspire los filetes de pechuga de pollo con el aceite, la vaina de vainilla y la pimienta y déjelos marinar durante al menos 2 horas.

Aspire cada 8 zanahorias con 1 cucharada. mantequilla y 1.5 cucharadas. cariño.

Cocine el pollo a 60 ° durante 100 minutos al baño maría o en una olla a vapor. Sacar de la bolsa y dorar en una sartén precalentada. Luego sal.

Cocine las zanahorias a 85 ° durante 25 minutos en un horno de vapor o baño de agua. Luego poner en una sartén precalentada y freír hasta que la miel se haya caramelizado. Sal y pimienta.

Disponer sobre platos precalentados.

Va bien con cuscús o polenta.

16. Filete de ternera al sous vide con vino tinto

Ingredientes para 2 porciones

- 2 Filete de ternera (filete de cadera), aprox. 250 g cada uno
- 4 ramas de romero
- 4 ramas de tomillo
- 100 ml de vino de Oporto
- 150 ml de vino tinto
- Aceite de oliva, bueno
- Mantequilla clarificada
- Sal marina, gruesa
- Pimienta (bistec de pimienta)
- 1 cucharadita de azúcar colmada
- 1 cucharada. Mantequilla fría
  Preparación
  Tiempo total aprox. 2 horas

Seque los filetes de ternera y aspírelos con una ramita de tomillo y romero y una pizca de aceite de oliva.

Caliente el baño de sous vide a 56 grados y luego coloque las bolsas en él.

Poco antes de que finalice el tiempo de cocción, dejar que el azúcar se caramelice en un cazo y desglasar con el vino tinto y el oporto. Agregue las hierbas restantes y deje que el vino hierva a fuego lento.

Después de 90 minutos, retire los filetes del baño de agua. Coloca una sartén con mantequilla clarificada y deja que la mantequilla se caliente mucho. Mientras tanto, acaricia los bistecs ligeramente. Dorar los filetes en la mantequilla brevemente durante unos 5 a 10 segundos por cada lado, luego envolver en papel de aluminio y mantener caliente.

Poner la mezcla de vino en la sartén y reducir a 1/3, sazonar con sal y pimienta y espesar con un poco de mantequilla.

Poner la salsa en el plato y poner encima el bife, espolvorear con sal gruesa y pimienta.

Las patatas al horno van muy bien con esto.

17. Sous vide de salmón cocido

Ingredientes para 1 raciones

- 200 g de filete de salmón con piel
- 2 rodajas de limón, en rodajas finas
- 2 ramas de eneldo
- ½ diente de ajo, en rodajas finas
- Romero
- Tomillo
- 2 gotas de aceite de oliva
- Pimienta

Preparación

Tiempo total aprox. 45 minutos

Frote el salmón. Unte ligeramente con aceite de oliva y pimienta. Coloque en una bolsa sous vide. Unta las rodajas de limón y ajo, así como las hierbas sobre el pescado y aspira todo.

Calentar un baño de agua con un sous vide stick a 45 ° C y cocinar la bolsa con su contenido durante aprox. 30

minutos. Después de 30 minutos, saca el salmón del empaque.

Aproximadamente Poner en una sartén caliente por el lado de la piel durante 10 segundos y freír muy caliente, servir inmediatamente.

Luego, todos pueden sazonar al gusto con sal, pimienta, limón y chile.

18. Panceta de cerdo sous vide

Ingredientes para 2 porciones

- 500 g Panceta de cerdo, sin curar
- 1 hoja de laurel, fresca
- 3 baya de enebro
- Sal
- Pimienta negra del molino

Preparación

Tiempo total aprox. 15 horas 5 minutos

Divide la hoja de laurel en trozos. Exprime las bayas de enebro. Frote la panceta con un poco de sal, salpimente suavemente y póngala en una bolsa de vacío con bayas de enebro y hojas de laurel.

Aspirar y cocinar al baño maría a 75 ° C durante 15 horas.

El resultado es una panceta tierna, aromática y jugosa, pero ya no rosada.

19. Filete de ternera entero después de sous vide

Ingredientes para 4 porciones

- 500 g de filete de ternera, entero
- 1 rama de romero
- 2 cucharadas. manteca
- 2 cucharaditas de sal
- 1 cucharadita de pimienta negra
- 3 baya de enebro
- Algunas agujas de romero

Preparación

Tiempo total aprox. 3 horas 15 minutos

Lave todo el filete de ternera, séquelo con papel de cocina y déjelo lentamente a temperatura ambiente (sáquelo del frigorífico unas 2 horas antes).

Luego suelde en papel de aluminio con la ramita de romero.

El cuenco del Chef de Cocina hasta máx. Llene la marca con agua y ajústela a 58 ° C (coloque el protector contra salpicaduras, intervalo de agitación 3 sin agitador).

Cuando se alcance la temperatura, agregue el filete de ternera soldado y déjelo allí por 3 horas. ¡Cierre la protección contra salpicaduras para que la temperatura se mantenga constante!

Luego saque el CC y corte la película.

Calentar la mantequilla con la sal, la pimienta, las bayas de enebro prensadas y unas agujas de romero en la sartén y dejar que se dore un poco. Dorar brevemente el filete por ambos lados (en total aprox. 1 min.).

Simplemente corte (no en rodajas demasiado finas) y sirva.

20. Bistec de lomo a la con chapata

Ingredientes para 1 raciones

- 300 g de ternera
- 1 paquete de rúcula
- 100 g de piñones
- 2 dientes de ajo
- 100 g de queso parmesano
- 150 ml de aceite de oliva
- 1 chapata para hornear
- 50 g de tomate cherry
- 1 bola de mozzarella
- Sal y pimienta

Preparación

Tiempo total aprox. 1 hora 55 minutos

Aspire el filete de res y déjelo reposar durante 10-15 min. déjelo reposar a temperatura ambiente. Calentar el agua a

56 ° C y colocar el filete en el baño de agua a temperatura constante. Cocine aproximadamente en un baño de agua durante 50 a 55 minutos.

Mientras tanto, hornee el pan de acuerdo con las instrucciones del paquete.

Prepara el pesto - mezcla rúcula, piñones, parmesano y aceite hasta obtener una mezcla cremosa. Corta la mozzarella y los tomates en cubos pequeños.

Cortar el pan en rodajas y untarlo con el pesto. Coloque los trozos de tomate y mozzarella sobre las rodajas recubiertas.

Calentar una sartén y dorar el solomillo en ella. Sirve espolvoreado con sal y pimienta.

21. Muslo de pollo sous vide

Ingredientes para 1 raciones

- 1 muslo de pollo grande
- Pimenton
- Sal y pimienta

Preparación

Tiempo total aprox. 1 hora 40 minutos

Frote la pierna de pollo con pimienta, sal y pimentón y ciérrela en una bolsa de vacío. Si es necesario, también hay una bolsa para congelador con cierre deslizante, en la que se aspira el aire con una pajita.

Calentar un baño María a 82 ° C y colocar la bolsa de vacío en el baño María y cocinar la pierna de pollo durante unos 90 minutos a 82 ° C constantes. Ya no importa.

Cuando se alcance el tiempo de cocción, precaliente una sartén para grill al nivel más alto y también ajuste la parrilla grande en el horno al nivel más alto más el programa grill.

Saque el muslo de pollo de la bolsa de vacío y colóquelo en la sartén caliente. Coloque la sartén inmediatamente debajo de la parrilla y cocine la pierna en el horno durante 2-4 minutos hasta que la piel esté crujiente. La pierna está cocida hasta el último hueso y tiene un agradable aroma a parrilla.

22. Pata de gamuza al vacío

Ingredientes para 2 porciones

- 500 g de pata de gamuza, deshuesada, preparada por el carnicero
- 200 ml de vino tinto seco
- 200 ml de fondo salvaje
- 6 Fecha, sin piedra
- 2 cucharadas. Vinagre de sidra de manzana
- 2 cucharadas. mantequilla clarificada
- 2 cebollas rojas
- 1 cucharadita de condimento de venado

Preparación

Tiempo total aprox. 2 horas 40 minutos

Freír la pata de gamuza en mantequilla clarificada. Deje que la pierna se enfríe un poco y luego séllela con papel de aluminio. Cocine en un baño de agua a 68 grados durante aproximadamente 2 horas.

47

Cortar las cebollas en palitos, picar la mitad de los dátiles, cortar la otra mitad en rodajas.

Sofreír lentamente la cebolla en la sartén de la pierna. Agrega los dátiles picados. Desglasar con vino tinto, jugo silvestre y vinagre de sidra de manzana y reducir a la mitad. Agregue la especia del juego y las rodajas de dátil.

23. Filet sous vide incorrecto cocido

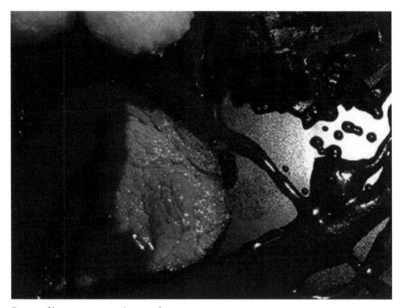

Ingredientes para 4 porciones

- 1 kg Paletilla de ternera (filete falso)
- 2 cucharadas. manteca
- 2 cucharadas de tomillo
- 1 cucharadita de pimienta negra
- 2 dientes de ajo

Preparación

Tiempo total aprox. 2 horas 30 minutos

Desempaque el filete y séquelo. Corte la carne limpiamente. Frote con la mantequilla para que la pimienta y el tomillo se peguen mejor. Coloca el filete con el ajo prensado en una bolsa de vacío y aspira.

Coloque el filete equivocado en el dispositivo sous vide a 54 ° C y déjelo allí durante dos horas.

Después de dos horas, abra la bolsa y ase por todos lados durante 2-3 minutos a fuego directo. Después de asar a la

49

parrilla, deje reposar la carne durante unos 3-5 minutos, después de lo cual estará lista.

En rodajas finas, por ejemplo, como entrante, absolutamente delicioso.

24. Solomillo de ternera cocido sous vide

Ingredientes para 2 porciones

* 600 g de ternera
* 1 pizca de sal
* 1 pizca de pimienta
* 2 cucharadas. Aceite colmado
* 1 pieza pequeña de mantequilla o mantequilla de hierbas
  Preparación
  Tiempo total aprox. 1 hora 29 minutos

Se toman 2 lomos de ternera de 300 gramos, idealmente del carnicero. Puedes aspirarlos en la carnicería o hacerlo tú mismo en casa, también con hierbas.

Calienta una olla con agua y luego espera a que hierva. No olvide ponerle la tapa. Tan pronto como el agua hierva correctamente, tiene una temperatura de aprox. 100 grados.

Pones la olla con la tapa fuera de la encimera y esperas unos 5 minutos. Entonces el agua tiene una temperatura entre 85 y 90 grados. Ahora ponga la carne en la bolsa de vacío en el agua hasta que esté cubierta. Vuelva a tapar y deje hervir a fuego lento durante 15 minutos.

Con esto alcanzamos una temperatura interior de aprox. 50 grados en la carne. Pasado este tiempo, sácalo de la olla y déjalo reposar durante 4-5 minutos.

Ahora la carne sale de su bolsa. Lo masajeas con aceite y lo sazonas con sal y pimienta por cada lado. Deje que la sartén se caliente al mismo tiempo y luego dore el final de la interpretación, aprox. 1,5 minutos por lado. Ahora retire la sartén de la encimera y agregue un trozo de mantequilla (de hierbas). Para que la carne se frote por todos lados y deje reposar la carne nuevamente.

Ahora coloque en el plato y vierta sobre la mantequilla de hierbas restante si es necesario.

25. Patatas con yuzu fermentado

Ingredientes para 4 porciones

- 700 g de patata, cocción firme
- 50 g de apio
- 50 g de zanahoria
- 1 chalota
- 10 g de Yuzu, fermentado
- 20 ml de caldo de verduras
- 1 pizca de azúcar
- Salsa de soja

Preparación

Tiempo total aprox. 2 horas 35 minutos

Pelar las patatas, cortarlas en cubos (2 cm de borde aprox.), Escaldar brevemente en agua con sal y dejar enfriar.

Cortar el apio, la zanahoria y la chalota en cubos muy finos.

Ponga todos los ingredientes en una bolsa de vacío junto con el yuzu fermentado, el caldo de verduras y una pizca de azúcar. Aplicar un vacío medio y cocinar a 85 ° C durante unas 2 horas.

Luego abre la bolsa y sazona con un poco de soja yuzu.

26. Espárragos blancos sous vide

Ingredientes para 2 porciones

- 800 g de espárragos blancos
- 1 cucharadita de azucar
- 1 pizca de sal
- 50 g de mantequilla
- Hierbas

Preparación

Tiempo total aprox. 40 minutos

Pelar los espárragos y cortar los extremos. Poner los tallos de espárragos en una bolsa, agregar sal, azúcar y mantequilla y aspirar.

Cocine en el estante 3 en el programa "Sous vide" a 85 ° C durante aprox. 30 minutos en la olla a vapor.

Si lo desea, puede aspirar hierbas como albahaca, ajo silvestre, tomillo, romero o menta con los espárragos. ¡Pero cuidado! La experiencia gustativa se vuelve bastante intensa.

27. Pechuga de ganso salvaje sous vide

Ingredientes para 4 porciones

- 2 pechugas de ganso provocadas por gansos salvajes
- 2 cucharadas de sal, gruesa
- 1 cucharadita de granos de pimienta negra
- 6 baya de enebro
- 3 pimienta de Jamaica
- 200 ml de aceite de nuez
- 100 ml de vino tinto
- 200 ml de fondo salvaje
- Fécula de maíz para cuajar

Preparación

Tiempo total aprox. 1 hora 25 minutos

Mortero las especias. Coloque 1 pechuga de cada una en una bolsa de vacío. Agregue 100 ml de aceite de nueces a cada bolsa. Aspire y cocine en un baño de agua a 68 grados durante aproximadamente 1 hora.

Luego retire, seque y fría todo en la sartén. Déjalo reposar un poco y luego córtalo.

Mientras tanto, desglasar el asado con vino tinto y dejar que hierva un poco. Vierta el caldo de caza, sazone posiblemente con sal, pimienta y azúcar y luego átelo con maicena.

28. Conejo sous-vide

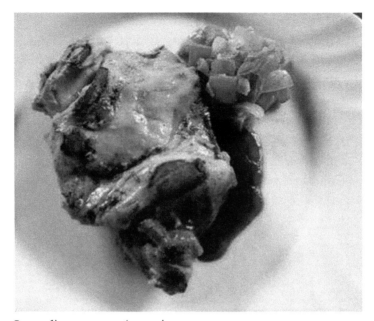

Ingredientes para 4 porciones

- 4 pata de conejo
- 1 cebolla
- 3 zanahoria
- 1 barra de puerro
- 1 diente de ajo
- 1 raíz de apio más pequeña
- Romero
- 2 cucharadas. aceite de oliva
- Sal y pimienta

Preparación

Tiempo total aprox. 3 horas 30 minutos

Lavar las patas de conejo y secarlas con papel de cocina. Suelta los huesos y sazona la carne con sal y pimienta.

Pelar la cebolla, el diente de ajo, la zanahoria y el apio y cortar en cubos pequeños. Cortar el puerro en tiras. Rehogar todo en una cacerola con 1 cucharada de aceite de oliva durante 3 minutos y dejar enfriar. Agrega el romero a voluntad. Coloque las piernas y las verduras en una bolsa de vacío y aspire.

Cocine las patas de conejo en el dispositivo sous vide a 65 grados durante 3 horas.

Deje que el caldo de la bolsa se reduzca un poco y ponga una salsa. Freír las piernas en el aceite de oliva restante. Coloca las verduras de la bolsa en los platos.

29. Pierna de cordero sous vide

Ingredientes para 4 porciones

* 1 kg Pierna de cordero deshuesada
* Sal y pimienta
* 1 rama de romero
* 1 cucharada. mantequilla clarificada

Preparación

Tiempo total aprox. 19 horas

Sal y pimienta la pierna de cordero deshuesada normalmente por todos lados, coloca una ramita de romero en la abertura del hueso. Doble la carne, colóquela en una bolsa de vacío adecuada y aspire.

Precalentar la olla sous vide a 65 ° C, introducir la carne y cocinar a 65 ° C durante 18 horas.

Pasado el tiempo de cocción, sacar la carne de la bolsa, untar y freír breve y vigorosamente en mantequilla clarificada. Mantener caliente a 65 ° C o soldar nuevamente y recalentar a 65 ° C en la olla sous vide si es necesario.

La carne está tierna y acabada.

30. Filetes de cocodrilo sous-vide

Ingredientes para 4 porciones
- 500 g de filete (filetes de cocodrilo)
- 1 limones
- 1 cucharada. aceite de limon
- 3 cucharadas aceite de oliva
- 4 cebolletas, cortadas en aros finos
- ½ Limón, su jugo
- Pimienta
- Sal
- 1 rama de romero

Preparación

Tiempo total aprox. 4 horas 30 minutos

Lave los filetes y séquelos.

Mezcle todos los ingredientes para la marinada. Coloca los filetes en las bolsas y cúbrelos con la marinada. Cortar todo el limón en rodajas finas y colocar sobre los filetes.

Selle las bolsas Sous-vide, si es posible, refrigere por 1 - 2 horas. Cocine a fuego lento en una olla de cocción al vacío a 80 ° C durante 3 horas.

Saque los filetes de las bolsas y quítelos con un raspado. Calentar una sartén grande con abundante mantequilla.

Solo dore brevemente a fuego alto para que los filetes se doren.

Servir inmediatamente.

Una salsa de limón y membrillo va bien con esto.

31. Salmón con queso crema

Ingredientes para 2 porciones

- 250 g de salmón congelado
- 200 g de nata
- 2 tazas de Basmati
- 4 tazas de agua
- 1 limones
- 1 curry en polvo

Preparación

Tiempo total aprox. 45 minutos

Cuando el salmón esté descongelado, séquelos un poco y luego condiméntelos. Luego viene en bolsas de vacío Sous Vide.

Coloque el sellador al vacío con un pescado de aprox. 1,5 - 2 cm a 55 ° C durante 15 minutos. El pescado todavía está vidrioso y no se seca después, y sabe muy bien.

Básicamente, es importante que el arroz basmati se remoje durante unos 15 minutos, dependiendo de la cantidad. Luego debe enjuagarse bien hasta que el agua se vuelva clara y ya no sea lechosa. Luego debe prepararse de acuerdo con las instrucciones del fabricante. mezcla el arroz basmati con un poco de ralladura de limón después de cocinar, ¡sabía muy refrescante!

Simplemente mezcle el queso crema con un poco de ralladura de limón y curry en polvo. Sabía muy bien y iba bien con el salmón.

32. Pata de ganso sous vide

Ingredientes para 4 porciones

- 4 pata de ganso
- 2 naranja
- 2 manzanas
- Sal y pimienta

Preparación

Tiempo total aprox. 1 día 8 horas 40 minutos

Sazone las patas de ganso con sal y pimienta. Corta la piel de las naranjas y córtalas en rodajas. Lavar las manzanas, cortarlas en cuartos, quitarles el corazón y cortarlas en trozos pequeños.

Coloca las patas de ganso, las naranjas y las manzanas en una bolsa de vacío y aspira. Coloque en la nevera durante 1 día para que las patas de ganso puedan salir.

Coloca las patas con la fruta en la olla sous vide y déjalas reposar durante 6 horas a 70 grados. Luego déjelo reposar durante otras 2 horas a 80 grados.

Retire las piernas de la bolsa y hornee hasta que estén crujientes en el horno a 200 grados. Poner el caldo, las naranjas y las manzanas en una salsa prefabricada, mezclar y pasar.

Además, las albóndigas de pan, la col roja y las castañas glaseadas saben muy bien.

33. Pechuga de ganso sous vide

Ingredientes para 2 porciones

- ½ Pechuga de ganso, aprox. 300 g
- Sal y pimienta
- Pimentón en polvo, dulce noble
- Mantequilla clarificada
- 1 chalota
- Fondo de gansos

Preparación

Tiempo total aprox. 12 horas 20 minutos

Frote la pechuga de ganso deshuesada con las especias, pase la aspiradora en la bolsa y cocine al baño María a 65 grados durante 12 horas.

Luego saca la pechuga de ganso de la bolsa. Recoge el líquido de cocción.

Deje que la mantequilla clarificada se caliente mucho en una sartén. Asa las pechugas de gallina breve y bruscamente en el costado de la casa, brevemente para que no se post-cocine, sácalas y mantenlas calientes.

Picar finamente la chalota, sofreír en un juego de asados, verter el líquido de cocción y posiblemente caldo de ganso, dejar que hierva un poco, luego ligar con aglutinante de salsa o mantequilla al gusto.

34. Rosbif curado en seco, sous vide

Ingredientes para 4 porciones

- 800 g Rosbif curado en seco, en una pieza
- Condimentar a voluntad

Preparación

Tiempo total aprox. 7 horas 30 minutos

Limpiar el rosbif y sellarlo en una bolsa de vacío. Calentar el agua a 52 grados (medio raro) con un Sous vide Stick, dejar la carne al baño maría durante unas 7 horas.

Retire la bolsa de vacío y agregue el jugo de carne a la guarnición (si lo desea).

Condimentar la carne y freír en una sartén. Cortar en rodajas aprox. 1 cm de grosor y disponer.

35. Trucha salmón sobre lecho de verduras

Ingredientes para 4 porciones
Ingredientes para 4 porciones

- 1 trucha grande de salmón fileteada en 4 piezas, las canales se guardan para la parte trasera
- 50 g de apio finamente picado
- 50 g de zanahoria finamente picada
- 50 g de puerro, finamente picado
- 2 tiras Pelar la piel de naranja, ancha, 2 veces con el pelador
- Perejil
- Estragón
- Un poco de ralladura de naranja
- 200 ml de caldo de pescado
- 60 ml de vinagre, ligero, dulce (vinagre balsámico de manzana)
- 10 granos de pimienta blanca
- 4 pimienta de Jamaica
- 40 ml de vino blanco
- 60 ml de Noilly Prat
- 4 cucharadas Leche de coco, el ingrediente sólido
- 2 cm de jengibre
- 2 tallos de limoncillo, en trozos
- 5 hojas de lima kaffir
- 3 grandes de batata
- 2 m. En tamaño de patata
- Trasero
- Sal y pimienta
  Preparación
  Tiempo total aprox. 2 horas 50 minutos

Primero filetear la trucha salmón y quitarle la piel. Saque las espinas con unas pinzas de pescado y sazone ligeramente los filetes por dentro con sal y pimienta. Luego cubrir el interior con perejil, estragón y ralladura de naranja y reservar los filetes.

Llevar a ebullición el caldo de pescado con vinagre, vino blanco, Noilly Prat, leche de coco, las especias (pimienta de Jamaica, pimienta, jengibre, hierba de limón, hojas de lima kaffir) y las canales de pescado y reducirlas unos 15-20 minutos.

Mientras tanto, sofreír las tiras de verduras con la piel de naranja en un poco de mantequilla clarificada y sazonar con sal y pimienta.

Ponga unas verduras en bolsas de vacío adecuadas, ponga un filete sobre cada una y vierta un poco de caldo. Luego selle las bolsas con un dispositivo de vacío.

Pele los boniatos y las patatas, córtelos en trozos y cocínelos al vapor durante unos 30 minutos. Luego presione a través de una prensa de papas y sazone con un caldo espesado, sal y pimienta y mantenga caliente.

Cuece los filetes de pescado al baño maría a 56 ° C durante 18 minutos.

Colocar un puré de boniato en platos precalentados, cortar un saco, colocar el contenido sobre los espejos y cubrir con caldo de pescado. Decora como desees.

36. Espalda y patas de conejo con caldo

Ingredientes para 2 porciones
- 1 lomo de conejo o 2 filetes de conejo
- 2 patas de conejo (muslo de conejo)
- 4 cucharadas de mantequilla fría

Para el lago:
- 1 cucharadita de baya de enebro
- 1 cucharadita de granos de pimienta
- 2 ramas de tomillo
- Sal

Para el fondo:
- 1 espalda de conejo, incluidos los huesos
- 1 tazón pequeño de sopa de verduras
- 1 cebolla
- 2 cucharadas. petróleo
- 1 hoja de laurel
- 1 cucharadita granos de pimienta

Para la salsa: (Demi-Glace)

- 1 cucharada. manteca
- 2 chalota
- 1 cucharadita de pasta de tomate colmada
- 250 ml de vino tinto, más seco
- 150 ml de vino de Oporto
- 2 ramas de tomillo
- 50 g de mantequilla

Preparación

Tiempo total aprox. 1 día 9 horas 45 minutos

Coloque la carne en una salmuera aromatizada durante 24 horas. Esto significa que la carne permanece más jugosa, conserva un bocado agradable, está óptimamente salada y tiene un ligero sabor.

Pese la carne y cúbrala con al menos el mismo peso de agua. Añadir 1,75% del peso total de carne y agua a la sal y disolver en el agua. Presione las bayas de enebro y la pimienta y agregue al agua con el tomillo. Si es necesario, péselo con un plato para mantener los trozos de carne en el suelo.

Saque las patas de conejo de la salmuera y séquelas. Agrega la mantequilla y aspira los muslos. Cocine al vacío durante 8 horas a 75 ° C. Las patas de conejo se pueden freír en un poco de mantequilla o deshuesar y procesar.

Retire los filetes de lomo de la salmuera y séquelos. Aproximadamente Coloque una película adhesiva de 30 cm sobre la encimera. Coloque los filetes uno encima del otro en direcciones opuestas. Coloque el extremo delgado en el extremo grueso y el extremo grueso en el extremo delgado para crear una hebra uniforme. Dobla la película adhesiva y gira los extremos para crear un rollo uniforme. Los filetes deben presionarse firmemente para que se mantengan unidos después de la cocción. Asegure los extremos del rollo con hilo, coloque el rollo en una bolsa de vacío y aspire. Cocine al vacío durante 45 minutos a 58 ° C. El rollito de lomo de lomo se puede cortar y servir muy bien después de la cocción. No es necesario quemar.

Precalienta el horno a 220 ° C para la parte trasera. Pica los huesos en trozos. Limpiar las verduras para sopa, aparte del perejil, y picarlas en trozos grandes. Corta la cebolla en cuartos. Mezcle las verduras y el aceite y ase en el horno durante aprox. 30 - 45 minutos hasta conseguir un buen bronceado. Posiblemente revuelva bien después de la mitad del tiempo. Coloque las verduras y los huesos en una cacerola grande. Retirar los restos de asado de la bandeja con un poco de agua y añadir. Agregue la hoja de laurel, los granos de pimienta y el perejil. Llenar con aprox. 2 l de agua, deje hervir y cocine a fuego lento durante 1,5 - 2 horas. El tiempo de cocción se puede reducir en consecuencia en la olla a presión. Colar el caldo y exprimir bien las verduras y los huesos. Debería quedar alrededor de 1 litro.

Para el Demi-Glace, pique las chalotas y cocine hasta que estén transparentes con un poco de mantequilla. Agregue la pasta de tomate y ase unos minutos. Añada poco a poco el vino y el vino de Oporto y déjelo hervir casi por completo. Agrega el caldo de conejo y el tomillo y deja que hierva lentamente hasta que la salsa se vuelva cremosa. Si va a servirlo inmediatamente, átelo con mantequilla helada. Si prefiere unir con harina, puede dorar la mantequilla en una cacerola aparte hasta que huela a nuez, agregue 1 cucharada de harina y tueste brevemente. Tenga cuidado de no quemar la mantequilla. Rellene con la salsa y revuelva constantemente para que no se formen grumos. La salsa unida se puede recalentar bien.

37. Ensalada griega sous vide

Ingredientes para 2 porciones

- 1 pepino
- 2 cucharadas de vinagre balsámico, blanco
- 3 cucharaditas de azúcar
- 2 tallos de eneldo
- 1 tomate grande

- 200 g de queso feta
- ½ cebolla roja
- 6 aceitunas
- Aceite de oliva, bueno

Preparación

Tiempo total aprox. 1 día 15 minutos

Pela el pepino y córtalo en tres partes. Aspire los trozos de pepino con vinagre balsámico, azúcar y eneldo. Deje reposar en la nevera durante 24 horas.

Al día siguiente, corta el pepino en tiras adecuadas y colócalo en el medio del plato. Cortar el queso de oveja del mismo tamaño y colocar sobre el pepino. Luego cortar el tomate en rodajas y ponerle el queso de oveja. Espolvorea un poco de pimiento sobre el tomate. Por último, coloca la cebolla en tiras finas sobre la torreta. Adorne con las aceitunas y vierta aceite de oliva sobre la ensalada al gusto.

Al aspirar el pepino se obtiene un sabor mucho más intenso. El tiempo lo vale.

38. Ternera al sous-vide picanha

Ingredientes para 4 porciones

- 1,2 kg de ternera
- 3 cucharadas aceite de oliva
- 3 ramas de romero
- 1 mantequilla clarificada
- Sal y pimienta

Preparación

Tiempo total aprox. 1 día 1 hora

En la medida de lo posible, el filete hervido aún debe tener la capa de grasa de 0,5-1 cm de espesor, como con una picanha brasileña. Esto se corta en forma de diamante sin cortar la carne.

Colocar la carne con el aceite de oliva y las agujas de romero peladas en una bolsa de vacío, sellar al vacío y sellar. No agregue sal. Calentar en el termalizador a 56 grados durante 24 horas. Retire la carne después del tiempo de cocción, recoja un poco de la salsa que se ha formado. Esto se puede agregar a una salsa de vino tinto preparada, por ejemplo.

Dorar la carne en mantequilla clarificada por todos lados, sazonar con pimienta y sal. Cortar en aprox. Rodajas de 1 cm de grosor a lo largo de la fibra. El interior de la carne es rosado (mediano).

Hay, por ejemplo, frijoles con tocino, rebozuelos y croquetas o patatas gratinadas.

39. Sous vide de cerdo desmenuzado al estilo asiático

Ingredientes para 3 porciones
- 1½ kg de cuello de cerdo sin espinas
- 2½ cucharaditas de polvo de cinco especias
- ¼ de taza de salsa hoisin
- 3 cucharadas salsa de soja
- 3 cucharadas cariño
- 2 cucharadas. Vino de arroz (vino de arroz Shaoxing)
- 2 cucharadas. Jengibre, más fresco, rallado
- 2 cucharadas. Ajo, prensado
- 1 limón, su piel

Preparación

Tiempo total aprox. 20 horas 35 minutos

Necesita una olla de cocción al vacío, un dispositivo de vacío y una bolsa de vacío. Supongo que puedes usar una bolsa de congelador muy densa, pero realmente no confiaría en la densidad.

Si tiene el cuello de cerdo con hueso, debe quitarlo o poner dos bolsas una encima de la otra para cocinar al vacío para que el hueso no haga un agujero en la bolsa y entre agua.

Deje el cuello de cerdo entero o córtelo en cubos ásperos. La ventaja del corte anterior es que la longitud de las fibras de la carne ya está determinada.

Mezcle los ingredientes restantes para la salsa de adobo.

Ahora corte una bolsa en un tamaño suficientemente grande para cocinar al vacío y sea generoso. Ya suelda una costura con el sellador al vacío y mete la carne en la abertura de la bolsa.

Vierta la salsa y aspire la bolsa, teniendo cuidado de no quitar la salsa.

Ponga suficiente agua en la olla sous vide a 70 ° C. Cuando alcance la temperatura, meta la bolsa para que quede completamente sumergida. Consejo: siempre agrego agua caliente para ahorrar tiempo. Deje la carne en un baño de agua durante 20 a 24 horas.

Mientras tanto, asegúrese de comprobar si todavía hay suficiente líquido y, sobre todo, si la bolsa se desprende de la carne debido a la formación de vapor. Si es así, tienes que quejarte y presionar debajo de la superficie. Se pueden usar cubiertos, tenazas, etc. para esto, simplemente nada, por favor, que mantenga el agua alejada de la carne, como platos y similares.

Opcional: Para obtener una corteza ligera, precaliente el horno a temperatura máxima y cocine a la parrilla o al fuego superior.

Después de cocinar, retire la bolsa, corte una pequeña esquina y vierta el líquido filtrado en una cacerola. Saca la carne de la bolsa. Ahora está teóricamente terminado y se puede recoger.

O para una corteza ligera, seque la carne por fuera. Colocar en una fuente refractaria grande y asar en el horno hasta que se forme una costra ligera. Luego, desmenuce la carne en un tazón grande. Eso debería ser muy fácil. Ahora agregue la ralladura del limón.

Prueba la carne: si está demasiado seca, agrega un poco de líquido. De lo contrario, hierva suavemente el líquido filtrado en la estufa.

Para hacer esto, debes usar una espátula de silicona resistente al calor para remover constantemente y mover la salsa al fondo de la olla, porque el líquido contiene miel y salsa hoisin, ambas tienden a quemarse.

Cuando se logre la consistencia deseada, la salsa se puede agregar a la carne y mezclar o servir por separado. Yo suelo mezclarlos. La mezcla también se puede aflojar bien con un poco de agua.

Este "Puerco Desmenuzado" al estilo asiático es bastante dulce y ahora se puede comer de cualquier forma: en rollitos de hamburguesa, en wraps, tacos, etc.

La carne es particularmente buena con algo crujiente, así como con un poco de ácido, como algo con incrustaciones. Por ejemplo, tomo unas rodajas de pepino que se han remojado brevemente en una mezcla de vinagre, agua, azúcar y sal, o cebollas rojas que se han cortado en rodajas con una pizca de sal y azúcar, y vinagre ligero con un tenedor, o ensalada de col clásica. . También encuentro muy buenos el maíz y las cebolletas.

La congelación funciona fácilmente justo después de la cocción al vacío. Enfríe rápidamente, vuelva a aspirar y congele mientras aún está en la bolsa en el baño de hielo.

Úselo dentro de aproximadamente 4 semanas.

Para hacer esto, descongele la carne suavemente en el refrigerador durante 2 días, luego colóquela debajo de la parrilla o fríala por todas partes en la sartén. Esto solo funciona si la carne está fría y, por lo tanto, más firme que directamente de la olla de cocción al vacío. Luego recógelos y, si es necesario, llévalos a temperatura máxima en el microondas o en una cacerola.

La cantidad es para 4 personas - a partir de 1,5 kg después de la cocción al vacío aprox. 1,1 kg: se calcula generosamente y varía según el propósito.

40. Huevo sous-vide

Ingredientes para 1 raciones

1. 1 huevo, tamaño L
2. 1 pizca de sal y pimienta

Preparación

He puesto el palo sous vide a 62 ° C. Luego, coloque el huevo o los huevos en un baño de agua durante 45 minutos.

A la temperatura que configuré, la yema de huevo todavía está muy fluida, por lo que también se puede usar como aderezo para pasta u otros platos. La yema de huevo está más firme a aprox. 68 ° C y no se esparce por toda la placa. Después de cocinar, enfriar el huevo con agua fría, batir con un cuchillo y poner en el plato. Refina con sal, pimienta y otras especias a tu gusto.

40. Codillo de cerdo sous vide

Ingredientes para 1 raciones

- 1 codillo de cerdo o codillo de cerdo
- Condimentar a voluntad

Preparación

Tiempo total aprox. 1 día 5 horas 20 minutos

El codillo de cerdo fresco y sin curar, también conocido en otros lugares como codillo de cerdo o en Austria como zancos, se lava, se seca y se coloca en una bolsa de vacío. A esto le siguen las especias a voluntad. Me gusta usar una mezcla de especias para parrilla de pimientos (picantes y dulces), pimienta, ajo, sal y un poco de azúcar. Luego se extrae el aire en la medida de lo posible y la bolsa se sella herméticamente. Utilizo un dispositivo de vacío para esto (también debería ser posible quitar el aire de otra manera y sellar la bolsa de manera segura. No tengo experiencia con eso). Ahora la bolsa se sumerge en un baño de agua durante 28 horas a 70 grados Celsius.

Después del baño, se retira la caña de la bolsa y la piel de la caña se corta en forma de diamante. Se coloca el nudillo en una cacerola y se vierte con el líquido de la bolsa. Ahora la cáscara está crujiente frita en el horno a 160 grados centígrados en aproximadamente 45 minutos y se termina un nudillo tierno pero crujiente como la mantequilla.

41. Pierna de cordero sous vide

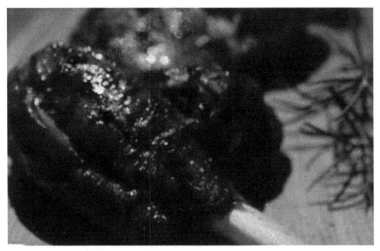

Ingredientes para 6 porciones

* 1 pierna de cordero, aprox. 1,5 - 2 kg
* 3 rama de tomillo
* 2 romero
* 1 pieza de mantequilla
* 2 cucharadas de té de ajo en polvo

Preparación

Tiempo total aprox. 20 horas 40 minutos

Se corta la pierna de cordero, se frota con ajo en polvo, sal y pimienta y se pone en una bolsa. Agrega 2-3 ramitas de tomillo y romero (preferiblemente un poco más de tomillo y un poco menos de romero) y un buen picor de mantequilla. Aspire la bolsa y colóquela en el baño de agua precalentado a 57 ° C. Retire después de 20 horas de cocción, retire las hierbas y seque. Ahora coloque la pierna de cordero en la parrilla (o horno) precalentada a 300 ° C con calor indirecto y cocine a la parrilla durante aprox. 8-10 minutos.

42. Verduras de pimentón sous vide

]

Ingredientes para 4 porciones

- 3 pimiento morrón rojo, amarillo, verde
- 1 rama de romero
- 20 g de mantequilla
- Sal y pimienta

Preparación

Tiempo total aprox. 1 hora 15 minutos

Pela los pimientos con un pelador y córtalos en trozos pequeños. Rellenar junto con romero y mantequilla en una bolsa de vacío y aspirar.

Coloque en el dispositivo sous vide a 90 ° C durante aprox. 60 - 90 minutos. Luego sacar de la bolsa y sazonar con sal y pimienta. Se conserva todo el aroma de los pimientos.

Adecuado como sabroso acompañamiento de todo tipo de platos.

43. Hinojo azafrán sous vide

Ingredientes para 4 porciones

- 2 tubérculos
- 1 g de azafrán
- 100 ml de caldo de ave
- 20 ml de aceite de oliva
- 3 g de sal

Preparación

Tiempo total aprox. 3 horas 20 minutos

Cortar el hinojo a lo largo en rodajas de aproximadamente 6 mm de grosor. Donde las hojas cuelgan juntas a través del tallo, resultan las rodajas.

Los tallos y las partes externas se pueden usar bien para una sopa de crema de hinojo.

Aspire las rodajas junto con los demás ingredientes en una bolsa de vacío. Cocine al baño maría a 85 ° C durante 3 horas.

Retirar de las bolsas y reducir el caldo de cocción a aprox. 1/3 de la cantidad.

Una guarnición maravillosa y eficaz, por ejemplo, con platos de carne y pescado.

44. Rosbif con costra de nueces

Ingredientes para 4 porciones

- 1 kg de rosbif
- 150 g de nueces picadas
- 1½ cucharada. manteca
- 50 g de queso parmesano, finamente rebanado
- 4 cucharadas Hierbas, picadas, mediterráneas
- Sal y pimienta

Preparación

Tiempo total aprox. 5 horas 30 minutos

Primero sazone el rosbif con sal y pimienta. Luego suelde al vacío. Cocine el rosbif a 63 ° C utilizando el método sous vide durante unas 4 - 5 horas.

Mientras tanto, cree una costra de nueces, mantequilla, parmesano, hierbas, sal y pimienta. Es mejor poner todos los ingredientes mezclados en una bolsa para congelador.

En esto, enrolla los ingredientes hasta obtener el tamaño requerido. Luego, la corteza va a la nevera. Más tarde, puede cortar la corteza al tamaño correcto con un cuchillo afilado que incluya papel de aluminio. Retire el papel de aluminio y distribúyalo exactamente sobre la carne.

Precalentar el horno a 220 ° C en función grill 20 minutos antes de servir y al final del tiempo de cocción.

Freír el rosbif en una sartén muy caliente con poca grasa por cada lado durante muy poco tiempo (30 segundos).

Retire el rosbif de la sartén y colóquelo en una fuente para hornear. Ahora ponga la costra sobre la carne. Mete al horno y saca la carne solo cuando la corteza esté agradable y dorada. Sin embargo, esto no lleva mucho tiempo, como máximo 5 minutos.

Ahora puedes disfrutar de un rosbif rosado perfecto con costra. B. con puerros y spaetzle.

45. Filete de ternera, sin dorar

Ingredientes para 2 porciones

- 400 g de filete de ternera (pieza central)
- 1 cucharada. salsa Worcester
- ½ cucharadita de Pimentón de la Vera, suave
- 1 cucharadita de pimentón en polvo picante
- 1 cucharadita de azúcar de caña en bruto colmada
- 1 cucharadita de cebollino colmado, dr.

Preparación

Tiempo total aprox. 15 horas 10 minutos

Coloca el filete en una bolsa de vacío. Mezcle todos los demás ingredientes y agréguelos a la bolsa. Frote el filete con los ingredientes de la bolsa. Luego aspire. Es mejor dejar marinar el filete durante la noche.

Saca el filete del frigorífico 2 horas antes de cocinarlo. Precalienta un horno sous vide adecuado a 55 ° C. Coloca el filete en el horno durante 3 horas.

Sacar de la bolsa, cortar y servir inmediatamente.

46. Filete de atún sobre espinacas de coco

Ingredientes para 2 porciones
- 2 filetes de atún, 250 g cada uno
- 250 g de hojas de espinaca
- 1 pieza pequeña de jengibre, de unos 2 cm
- 1 cucharada. aceite de oliva
- 3 cucharadas aceite de sésamo
- 1 chalota
- 1 cucharada de semillas de sésamo colmadas, tostadas
- 100 ml de leche de coco
- 1 dedo de ajo
- Sal y pimienta

Preparación

Tiempo total aprox. 55 minutos

Deje que la espinaca se descongele y exprima bien. Pelar y rallar el jengibre. Pelar la chalota y el ajo y cortar en cubos pequeños.

Calentar el aceite de oliva y sofreír la chalota y el ajo. Agrega las espinacas y sofríe durante 10 minutos. Mezcle la leche de coco, el aceite de sésamo y las semillas de sésamo tostadas. Exprime el jengibre rallado y agrega todo a las espinacas. Condimentar con sal y pimienta.

Cocine los filetes de atún al vacío en el baño sous vide durante 40 minutos a 44 grados centígrados.

Cuando todo esté listo, desempaca los filetes de atún, sécalos y dóralos por 30 segundos por cada lado. Condimentar con sal y pimienta.

47. Pechuga de pato a la naranja

Ingredientes para 2 porciones
- 2 pechugas de pato deshuesadas
- 1 naranja
- 10 granos de pimienta
- 2 ramas de romero
- 20 g de mantequilla
- 20 g de mantequilla clarificada
- 1 cucharada. salsa de soja
- 1 cucharada. vinagre de vino blanco
- 1 cucharada. cariño
- 100 ml de vino tinto

Mantequilla para freír

Sal y pimienta

Preparación

Tiempo total aprox. 2 horas 45 minutos

Lavar las pechugas de pato, secarlas y aspirarlas con filetes de naranja, pimienta, romero y mantequilla. Coloque en un dispositivo sous vide a 66 grados durante 90 minutos.

Luego sácalo de la bolsa. Recoja y guarde el líquido y otros contenidos. Retire los granos de pimienta. Cortar la piel de las pechugas de pato en forma de diamante. Freír por el lado de la piel hasta que esté marrón y crujiente. Saque las pechugas de pato de la sartén y manténgalas calientes.

Pon la naranja, el romero y el caldo de la bolsa en la sartén. Agregue la salsa de soja, el vinagre de vino blanco, la miel y el vino tinto y deje hervir a fuego lento. Montar con mantequilla fría si es necesario. Sal y pimienta.

Acompañe con patatas duquesas y verduras crujientes.

48. Lomo de cordero con patatas gratinadas

Ingredientes para 3 porciones

- 3 Lomo de cordero suelto (cordero salmón)
- 500 g de patata
- 3 romero
- 1 taza de nata, aprox. 200 g
- 3 chile
- 1 huevo
- Tomillo
- ⅛ Litro de leche
- 3 dedos de ajo
- Sal y pimienta
- Aceite de oliva

Preparación

Tiempo total aprox. 1 hora 15 minutos

Primero aspira cada costilla de cordero con 1 diente de ajo, 1 ramita de romero, un poco de tomillo y un poco de aceite de oliva. Cocine aproximadamente durante 60 min a 54 ° C al vacío.

Mientras tanto, pele las patatas, córtelas en rodajas finas y colóquelas en una fuente para horno.

Batir la nata, la leche y el huevo y sazonar con sal y pimienta. Me gusta comer picante y le he añadido 3 chiles pequeños. Verter el líquido sobre las patatas, esparcir el queso por encima y meter el molde en el horno aprox. 45 min a 200 ° C.

Tan pronto como la carne esté lista, libérala del vacío y dórala por todos lados.

Solo sirve.

49. Costillas de cordero

Ingredientes para 4 porciones

- 2 costillas de cordero (corona de cordero)
- 8 rama de tomillo
- 2 dedos de ajo
- Aceite de oliva
- Sal y pimienta

Preparación

Sacar las coronas de cordero de la nevera, pararlas y dejarlas a temperatura ambiente.

Luego coloca una corona en una bolsa de vacío y sazona con aceite de oliva, sal y pimienta y agrega 3 ramitas de tomillo. Luego aspire.

Si no tiene un dispositivo de vacío, también puede usar el siguiente truco: Llenar

un cuenco con agua fría. Coloque la carne en una bolsa de congelador normal y manténgala bajo el agua solo hasta que no entre agua por la abertura. Luego selle con un clip debajo del agua, listo.

Luego, coloque el cordero aspirado en un baño de agua y déjelo reposar durante unos 25 minutos a 58 grados.

Saca el cordero de la bolsa. En una sartén con aceite de oliva, sofreír las ramitas de tomillo restantes y el ajo picado y triturado. A continuación, añada el cordero a la sartén en una pieza y sofríalo un poco para obtener aromas asados.

Luego sirva.

CONCLUSIÓN

¿Realmente vale la pena invertir en este novedoso método de cocción moderno para cocinar en casa todos los días? Compartiré las razones por las que creo que el sous vide es una herramienta práctica para todo, desde una cena entre semana hasta una cena elegante.

A pesar de que esta técnica puede parecer tan extraña y delicada, ¿bolsas de plástico? ¿Dispositivos de alta tecnología? ¿Quién necesita todo eso en la cocina? Pero las ventajas del sous vide, tan conocido por los restaurantes, también pueden ser de gran ayuda para el cocinero casero.

Sous vide proporciona un control preciso en la cocina para ofrecer la comida más tierna y sabrosa que jamás haya probado. Con esto, es muy sencillo obtener resultados con calidad de restaurante de principio a fin.

La razón más sorprendente para mí es la simplicidad y flexibilidad del sous vide. Si está cocinando para una variedad de preferencias alimentarias o alergias, la cocción al vacío puede hacer la vida más fácil. Por ejemplo, puede cocinar pollo marinado con muchas especias, así como pollo espolvoreado con sal y pimienta al mismo tiempo, ¡así que varias categorías de personas estarán felices!